La frontière des maux

Chardlyne Pierre

La frontière des maux
Recueil

Éditions Milot

© Éditions Milot – Paris – Chardlyne Pierre
ISBN : 9782493420077

Le code de la propriété intellectuelle n'autorisant aux termes des paragraphes 2 et 3 de l'article L.122-5, d'une part, que les copies ou reproductions strictement réservées à l'usage privé du copiste et non destinées à une utilisation collective et, d'autre part, sous réserve du nom de l'auteur et de la source, que les analyses et les courtes citations justifiées par le caractère critique, polémique, pédagogique, scientifique ou d'information, toute représentation ou reproduction intégrale ou partielle, faite sans le consentement de l'auteur ou de ses ayants droit ou ayants cause, est illicite (article L.122-4). Cette représentation ou reproduction, par quelque procédé que ce soit, constituerait donc une contrefaçon sanctionnée par les articles L.335-2 et suivants du Code de la propriété intellectuelle.

À ma défunte mère, Elvire BENOIT

À mon père, Jean-Richard PIERRE

À mes frères, Fredlyn BENOIT
Jean-Richardly PIERRE
Giscard PIERRE

À mon neveu, Vladimir Giscard PIERRE

À ma belle-sœur, Maudeline PHILOGENE

À Ouanaminthe, ma ville natale

L'air est plein du frisson des choses qui s'enfuient.

- Charles Baudelaire

Avant-Propos

La vie est comme les montagnes russes. Elle ne cesse jamais de nous surprendre, de nous donner les pires coups surtout quand on ne s'y attend pas. Elle est une succession d'évènements, de moments qui font surgir nos côtés les plus sombres et nous poussent parfois aux plus périlleux de nos retranchements.

Nous portons silencieusement le poids de nos désespoirs, de nos souffrances et de nos pincements de cœur. Nous vivons et souffrons ces heures lentes dans notre chair. Néanmoins, nous pouvons miser sur les facettes positives de l'existence car elles peuvent nous apporter les plus grandes joies et folies.

La frontière des maux, est une invitation personnel à chacun. C'est oser mettre son âme à nue et se dévoiler. C'est reconnaître ses faiblesses, s'autoriser à rester soi-même et ne pas se laisser abattre la fureur du temps. C'est tomber à chaque fois non sans manquer de se relever une fois de plus. C'est aussi regarder autour de soi et de comprendre que la vie ne sera ni une rose sans épines, ni un ciel sans nuages.

La frontière des maux est résolument une aventure humaine. Nul doute chacun y trouvera un vers qui lui chuchotera des mots qui réveilleront des souvenirs enfouis.

Alors, chers lecteurs, choisissez vos mots et n'hésitez pas à franchir cette frontière de liberté permise.

L'auteur

As de trèfle

Quand mon bonheur se faufile rapidement
Tel un de ces éclairs tapageurs et fulgurants
Je laisse échapper un bruit quand soudain
Le silence l'applaudit des deux mains

Quand ma vie me bouscule chaque matin
Me baise souvent comme une moins que rien
Je me laisse faire consentante, surtout
Sachant que demain sera un chamboule-tout

Quand ma chance devient malchance
Je lance mes dés jusqu'à la dernière heure
Espérant un revirement des circonstances
Pour enfin, gagner le jackpot du bonheur

Quand mon cœur, follet, ne veut crier abandon
Je lui crie dessus, furieuse comme personne
Mais je finis, sans murmure, par lui donner raison
Avant que la réalité cruelle ne me sonne

Cosmos

Dans mon monde,
Les étoiles scintillent de mille feux à l'aube
Et la lune, qui s'impose en conquérante,
Se pointe aux douze coups de midi

Dans mon monde,
Le soleil,
Chômeur et indolent
Me fait tous les matins,
Un doigt d'honneur

Dans mon monde,
Le sourire est un chevalier,
N'ayant de crainte que le néant
 Prêt à affronter,
Avec bravoure le rival

Dans mon monde,
Mes angoisses se font ternes
Mes terreurs se font eurythmiques
Sans cernes
Et mes rêves
En pleine lune deviennent réels

Dans mon monde,
La misère n'est qu'un mythe
Sans doute, une légende des cités perdues
Dans mon monde,
La souffrance n'est qu'un parfum
Qui s'exhale du paradis
La vie est sempiternelle
Et la mort,
Une simple sentinelle

Dans mon monde,
Je suis la déesse des grands chemins
Et geôlière impassible,
Des larmes prisonnières

Dans mon monde,
Il n'y a que le temps qui perdure
Et moi qui danse
Sur la piste de l'infini

Une seconde d'éternité

Dans mes nuits les plus sombres
J'ai aperçu la Faucheuse
Elle était belle
Envoûtante et magnétique
Elle me semblait amicale,
Souriante
Et me hélait sans cesse
Viens donc ma jolie !
Rejoins-moi et tu auras la paix
Tous tes problèmes s'évaporeront
Comme la rosée du matin

 Auprès de moi,
Tes pleurs se dissiperont
Et ton âme immortelle
Quittera cette vieille carcasse
Ephémère et fragile
En ascensionnant, vainqueure
Les plus hautes sphères
Ensemble nous vaincrons la vie
Et ses démons
Me voyant réticente
Elle devint rouge de rage
Pourquoi, vocifère-t-elle ?
Parce que je n'ai pas encore vécu
Et la réalité ne sera pas toute rose
Je voudrais voyager

Aux confins de l'existence
Tant que j'en aurai encore le temps
Un rire moqueur
Sortit de ses lèvres desséchées
Et d'un air maléfique, elle se frotta ses mains
Et tourna le dos pour s'en aller
Je reviendrai ! Je reviendrai !
Car je suis la seule qui ait
L'emprise sur ton temps, sur ta vie

Karaoké du cœur

J'entends mon cœur
Caramboler dans ma poitrine
Comme un forcené
Voulant sortir de sa cage
Il en a marre de subir
 De trop courir
Inlassablement
A la même place
Il n'en peut plus
De porter
Mes chagrins
Mes colères
Mes amertumes
Mes déceptions
Et mes frustrations
Il en a marre
De me voir impuissante
Face à ces peurs
Qui me torturent l'échine
Me rendant tremblante
Et repliée sur moi même
Il est courbaturé
De devoir me tenir
A bout de bras
Pour m'empêcher
De sombrer
Exaspéré de me supporter

Toutes ces années
Sans se plaindre
Il veut enfin la paix
Ressentir une immense plénitude
Il veut enfin, pour lui
Avoir du temps
Pour être enfin heureux
Il veut que je sois
Son égal
Son amie
Et sa moitié
Dans un karaoké d'éternité

Rêve inachevé

Que guérissent,
Les blessures de ces horreurs
Que cesse,
La misère du monde
Trop de frères en pâtissent
Mon cœur se fissure
De colère et d'affliction
Comment effacer les larmes
De ces âmes en peine
De ces mères qui gémissent
Brisées et inconsolables
De ces pères qui veulent être forts
Mais l'esprit en vrac
L'air hagard et désorienté
Qu'en est-il
De ces fils et ces filles
Qui ne verront plus
Ceux qui leur sont chers ?
Comment contenir
A jamais mon chagrin
Dans une urne de verre
Pour nos chers disparus
Qui ne contempleront plus
La nitescence du soleil ?
Car, éternellement condamnés à errer
Dans l'ombre
De leurs rêves inachevés
Que justice leur soit faite

Que leur disparition ne soit pas vaine

Je voudrais

Je voudrais être la pluie
Pour laver la vilénie
De l'âme de ces gens vils et affables

Être le soleil
Pour éclairer
D'une lumière vive
La route
De ceux qui se sont égarés

Je voudrais m'ériger en courage
Pour ces parents dont la plus grande torture
Est de survivre à leur enfant
Parti trop tôt

Je voudrais être la loi
Pour une justice impartiale et équitable
Aux malheureux spoliés
Et victimes de l'injustice

Je voudrais être le beau ciel bleu
De ceux dont les nuages gris
Cachent bonheur et espoir

Je voudrais être un exemple
Pour mes pairs
Mais je ne suis qu'un humain
Avec mes propres insécurités
Mes erreurs qui m'étouffent
Mes imperfections
Et mes profonds regrets

Peine perdue

Je suis torturée par des pensées douloureuses
Je reste là essayant de les vaincre, impuissante
Je les chasse et elles reviennent, plus aguicheuses
Comme pour me punir de leurs peines vulnérantes

La rage et l'amertume, elles, veulent me noyer
Dans les eaux profondes du désespoir
J'appelle au secours, moi qui ne sais nager,
J'ai l'impression de me noyer dans un abreuvoir

Dans un dernier sursaut, je les envoie bouler
C'est chez moi, foutez-moi la paix, bande de tarés
Et soudain, tout s'arrête, comme par magie

J'ose enfin respirer comme si tout redevenait normal
Effrayée, je me prépare déjà pour d'autres batailles
Car elles reviendront encore avec de nouveaux défis

Bon...bon

Il y'a quelques années
J'étais avec quelqu'un
Mais il était brisé
Malheureusement
Je me suis donnée un défi
Celui de le réparer malgré tout
Repriser ses accrocs
Refaire de lui cette personne
Gaie et joyeuse,
Quelqu'un qui voyait tout le bon côté de la vie
Je voulais tellement le rendre heureux
Mais je me suis heurtée à un mur
Et j'ai perdu quelques plumes
Ça m'a laissé des séquelles,
Des marques indélébiles
Je me suis confrontée à une insupportable réalité
On ne peut pas rafistoler
Ce qui ne veut pas être réparé
En voulant le sauver,
Je me suis perdue moi-même
Et je n'ai plus jamais été comme avant

Mon beau miroir

Je l'ai rencontré
Lui, avec ce regard si triste
J'ai compris sa solitude
Et son humeur morose
J'ai ressenti sa joie,
Sa tristesse
Ou du moins le croyais-je

Je le regardais et une ombre
Voilait ses beaux yeux marrons
Qui semblèrent me maudire
Il me tendit la main doucement
Mais la laissa tomber brusquement

Il ouvrit la bouche comme s'il voulait me parler
Aucun son ne sortit
Moi par contre, je voulais râler
 Pour lui signifier mon impatience

Je le fixais de nouveau et cherchais son regard
Lequel ne me dit rien comme hagard
Il se retourna et s'apprêta à partir
Désespérée, je criai son nom

Il s'arrêta un moment, paralysé
Hésitant entre rester et fuir
Je m'approchai doucement de lui, le cœur battant

Es-tu sûr que c'est ce que tu veux vraiment ?
Oui, me dit-il, et, pour la première fois
Un sourire illumina son visage
Merci, me dit-il, l'air heureux
Mais pourquoi ?

Un jour, tu comprendras
Et il disparut comme un coup de vent

La frontière des maux

Je ferme souvent les yeux
Pour voir le bonheur dont,
J'ai toujours rêvé

Nul autre subterfuge
Me réfugier
Dans mon petit antre secret

Je m'évade
Sans le vouloir

Pour m'échapper
De mes tourments

Avant que la voix de quelqu'un
Ne me ramène à la réalité
Et que mon esprit ne revienne

Je m'évade souvent pour construire
Mon petit univers
Avec ses contes et ses licornes
Avec ses rivières et ses déserts

J'aime me prendre pour la reine de cœur
Décidant qui de mes créations en pâtirait
Je n'imagine pas un monde parfait
Je l'ai créé pour pouvoir me retrouver

Quand je suis troublée par ma réalité

La traversée de l'oubli

Devrais-je m'enfuir
Loin de toi pour réussir ?
Et ce lendemain meilleur,
Le trouverai-je ailleurs ?
Ce n'est pas sans pleurer
Que je me lève chaque matin
Mon avenir est sombre
Caché sous les voiles de l'incertitude
J'ai le cœur serré
L'espoir embourbé
Enlisé dans mes angoisses
J'ai la nausée
Est-ce à cause de mes regrets ?
Oui, il y'en a d'autres comme moi
Les mains liées, les pieds pris
On aurait voulu rester
Car l'amour est là
Mais l'amour ne restaure pas tout
Il n'y a presque plus de fierté
Seule des bribes de réminiscence
D'un paradis perdu
Jadis, la perle des Antilles

Si souvent

J'ai en exécration ces gens
Qui se croient plus émérites que les autres
Heureusement, on les reconnait
Car ils ont cet air propre à eux
Te regardant de haut,
Jaugeant ton aptitude à faire partie des leurs
Par seulement ton apparence extérieure,
Ils te collent une étiquette
Et veulent te définir
Avant même que tu n'aies dit un mot

Je n'ai jamais pu
Me sentir à l'aise avec les gens finauds
Toujours prêts à prêcher
Quand tu t'approches d'eux,
Et ne se gênent pas une seule seconde
Pour médire dans ton dos
Ils ont, pour la plupart
Un cœur d'acier,
 Insensible et froid
Mais, ils trompent souvent
Par leur propos mielleux
Je ne comprends pas ceux
Qui dictent leur loi
Sans tenir compte des valeurs humaines
Y compris le sens de l'expression
: « Se mettre à la place des autres »
Et je ris franchement en rencontrant

Certains aussi stupides que prétentieux

J'adore plutôt ces gens qui pour paraître
Ne cherchent pas à faire disparaître l'autre
Je préfère leur regard indifférent
Que le sourire chargé de sous-entendus
De ces nombreuses âmes toxiques

Pourquoi contentes-tu de peu ?

Quand tu peux avoir mieux
Pourquoi te sens-tu inférieure ?
Alors que tu es un être merveilleux
Tu montres une version de toi aux autres
Qui ne te fait pas honneur
Tu restes dans ta coquille, tremblante de peur
Submergée par tes pleurs
Écoute-moi bien petite fille
Ne reste pas dans la file
Happe tes peurs par le bout
Harponne-les d'une main ferme
Surtout
Épure-les totalement
Gangrène les résidus
Au fin fond de l'océan
Profond de ta vie

Culpabilité avouée

Par mes larmes de verre,
J'évacue les toxines de mon âme
Je soulage ma conscience trop longtemps
Alourdie de remords
Je pleure pour me sentir mal
En faisant émerger mes plus profonds regrets
Et en les peaufinant
D'un soupçon de colère sans nom

Si j'avais su ce qui fait mal
Je ne persisterais à feindre
Voire ignorer les signaux d'alarme
Je joue la grande victime
Alors que je suis sans nul doute le prédateur

J'accuse alors que de toute évidence
C'est moi qui fais peur
Je persiste à ignorer mes fautes
Pour ne pas me sentir coupable
Je regarde le monde d'un air méfiant,
Alors que je l'ai dégouté par mes actes puants

À mon bien-aimé

Je me souviens de notre rencontre
Comme si c'était hier
Je t'ai tout de suite apprécié,
Et tu m'es devenu cher
On s'est parlé, on a beaucoup discuté
On a souri, on était enchanté
J'aime me perdre dans ton regard chaleureux
Pour oublier mes peines sans faire de vœux
J'aime quand tu me prends dans tes bras
Ta chaleur me fait oublier mes mauvais pas
Tes étreintes sont les meilleures au monde
Efficaces contre mes angoisses immondes
J'oublie mes malheurs et je te souris
Je t'écoute plaisanter et je ris
Un rire sincère qui se faufile au creux de mes oreilles
 Telle une note parfaite
Oui, tu es mon bien-être

Clair-obscur

Je ne suis plus que douleur et épuisement
Pleurs et sentiment de nullité
Je suis brisée en mille morceaux
Pliée par une douleur insoutenable
Un corps dont je ne suis aucunement fière
Disgracieux pour certains
Informe pour d'autres
Rentrer dans mon trou
Comme une souris apeurée
C'est ce que je fais le mieux
Personne ne m'aime

Et mes relations ne durent même pas
Beaucoup ont profité de ma naïveté
On a mis en morceaux mon petit cœur déjà si fragile

Comme je déteste cette vie de merde
Dieu qui que tu sois
Je ne veux plus de cette chienne de vie

Je ne sais même plus la dernière fois que j'étais épanouie
C'est injuste
Je ne mérite pas ça
Puisqu'elle est si précieuse cette foutue vie
Prends-la, je n'en veux plus
Cette putain de vie, merde, je n'en veux plus

Vénusté des imperfections

Arrête de vouloir toujours être imparfaite
De ne cesser de te chercher la petite bête
Je t'en supplie, arrête de te sous-estimer
Tu es une reine
Ton histoire est ta couronne
Ne laisse pas ton passé avoir raison de toi
Ne laisse surtout pas la société te définir
De la façon qu'elle veut
Elle n'est qu'une sangsue
Voulant sucer ton sang
Hey toi ! Tu n'es pas parfaite
Mais bon sang, arrête de le prouver
Et puis, qui l'est déjà ?
Commence par apprécier tes qualités
Modèle-les, améliore-les
Rends-toi plus belle que jamais
Prends conscience de tes défauts
Mais ne les laisse plus te bringuebaler
Evite surtout de les laisser
Te couler au fin fond de l'océan
Accrochés à tes pieds comme un boulet
Assume-les mais,
Ne les laisse pas entraver tes pas
Comme un fardeau trop lourd à porter
Affronte tes défauts
Tes qualités les rendront moins bien méchants

Crève-coeur

J'ai arrosé d'un bon coup
Mes regrets par des larmes cristallines
J'ai noirci quelque fois des pages blanches
De mes amertumes aussi sombres que douloureuses
Ma naïveté s'est retrouvée aux prises
Avec une déception fangeuse
Je me suis vite vue projetée
Contre la vitre dure et froide de la réalité
En pataugeant dans l'eau de mes erreurs
J'ai bu un bon coup de leçons
Mais j'ai évité la noyade de peu
Je me suis faite belle pour l'amour
Toute pimpante et fraîche
Elle m'a confondue avec la boue
Et m'a jeté dans un égout
Tout plein de dégout
Tu n'es pas à ta place
M'a-t-elle soupiré d'un air calme

Polychrome des éclats

Je suis désolée si je t'ai causée de la peine
Je ne voulais pas susciter ta haine
Ne me sacque pas pour mes propos
J'aurais préféré tout bonnement me taire

Si tu ne peux pas me pardonner
Je m'en irais sans me retourner
Même si mon cœur se briserait
Je souhaiterais que les éclats disparaissent

Je n'ai jamais su ce que c'était l'amour avant notre rencontre
Maintenant, il me rend trop dingue, je m'en rends compte
Si je ne te connaissais pas, côté sincérité
J'aurais juré que tu m'avais envoûtée
Je ne veux plus te faire souffrir
Je préfère t'avoir tout sourire
A ton regard, je chavire
Ton sourire m'attire

Je suis tombée amoureuse de toi plusieurs fois
C'est la meilleure sensation, mille fois de plus, pour moi
Je t'aimerais pour toujours
Car j'ai enfin trouvé l'amour

Rush

Surviendra un jour
Où s'effriteront mon amour et ma haine
Il ne restera plus que
Le mur implacable de mon indifférence
Je ne t'oublierai pas mais
Mes souvenirs de toi ne me feront plus rien
Je ne te haïrai pas,
Mais ta présence ne me sera plus indispensable

C'est ce jour-là que tu comprendras
Que ma haine valait mieux que mon apathie
Ce jour viendra où les bouts éparpillés
Çà et là de mon cœur démoli
Se reconstitueront pour aimer
L'être qui en valait carrément la peine
Le ciel ne te voulait pas pour moi
Mais j'étais butée et rebelle

Je ne voulais pas savoir,
Mais maintenant, le voile s'est dissipé,
 Les nuages ont disparu
Je comprends tout en fait
Celui qui me méritait
S'est enfin pointé à l'horizon,

Mon âme-sœur est enfin arrivé,
Impatient de me prendre dans ses bras
Il est admirable et merveilleux
Il m'a dit que le train a pris du retard
Qu'il est vraiment désolé
Mais qu'importe, il est là au bon moment
C'est le plus important

Chef-d'œuvre

Le ciel restera bleu
Même quand t'es malheureux
Le soleil se pointera à l'horizon
Même si tes jours sont sombres
Tu peux être désenchanté
Mais ne blâme pas ton existence
Car le jour où tu te choisiras
Sera le jour où tu vivras
Personne n'a dit
Que ce serait facile
C'est peut-être un fardeau
Trop lourd à porter
Mais, la vie n'est pas une astreinte
Tu peux la rendre belle
La polir de tous bords
Et la façonner selon tes désirs,
La faire luire de mille éclats
Tu peux faire d'elle
Un magnifique arc-en-ciel
Riche en mille couleurs
Fais de ta vie ton univers
Et ton sublime chef-d'œuvre
Tu verras qu'elle sera tienne
Aussi longtemps que tu le voudras

L'Eldorado perdu

On a eu en cadeau la Terre
Comme paradis
Une nature verdoyante avivée
Par un doux lever de soleil
On a eu ce lieu paisible
Ornementé par mille et une couleurs
Pour chaque goût, pour chaque bonheur
C'était un sphéroïde de pure splendeur
Une oasis tranquille
Mais on l'a transmutée
En enfer quotidien
On l'a chambardée
Encrassée
Ravagée
Transformée
Sous prétexte de modernisation
Quand les pays ne sont pas en guerre
Les gens s'entretuent
Devenus pernicieux
Sans aucun scrupule
Des êtres marginaux et animalisés
On se déteste
On se divise
Nous serons nos propres extincteurs
Car nous avons oublié l'essentiel
Faire de cet endroit
Ce qu'il était à l'origine
Un lieu où l'amour est le phare
L'union notre axiome

Et le partage notre loi

Instants figés

J'ai vu cette petite fille
Les yeux exorbités
La bouche grande ouverte
C'est ce masque qui a figé ses traits
Quand la Faucheuse l'a cueillie
Précocement, dans son cocon
Fragile, innocente
Avec la tête pleine de rêves
Elle sortait de l'école
Sautillant par moments
Elle avait hâte de devenir
Une femme d'influence
Pour sa génération
Mais ses espérances ont été balayées
En un battement de cils
Sa vie a défilé devant ses yeux candides
J'ai vu son âme angélique au-dessus de son corps
Ne voulant s'en aller
Dans le livre de sa vie
Sa seule bévue a été
De se retrouver au mauvais endroit
Au mauvais moment
Elle a trépassé, étouffée
A cause de ces fichus lacrymogènes
Dans un pays cannibale
Bouffeur de rêves et d'avenir
Je pleure
Je pleure pour ces innocents

Qui ne meurent pour rien

Anicroche des méandres

Le jour où je me suis aimée
 C'est quand j'ai assimilé l'idée
 Que jamais je ne serais parfaite
Je n'étais pas seulement née pour vivre
Une vie heureuse sans anicroche
J'étais là aussi pour apprendre
Et découvrir qui j'étais réellement dans cette vie
Mais la route n'est pas une ligne droite,
Il y'a des courbes,
Des obstacles
Des erreurs
Et des nuits de terreurs

Je me suis perdue en chemin,
Désorientée par le labyrinthe devant moi
Je pleurais souvent seule
Dans mon lit
Mon oreiller trempé de pleurs
Et de sueurs
J'ai aimé seulement quand le soleil se levait
Eclairant ma voie

J'ai appris à détester la nuit,
Qui me faisait trébucher
Sur des ronces sauvages
Mais j'ignorais
Que la rosée se prépare toujours la nuit

Pour gratifier les fleurs
De sa tendre fraicheur

La nuit porte conseil
Elle nous fait nous reposer
Et nous apporte souvent les vérités
Que l'on refuse d'affronter le jour

Je vois

Je vois encore mes mains trembler
Mon cœur qui battait à cent à l'heure
Prêt à voler en éclat comme un bol en faïence
Sous l'effet d'une chaleur explosive

Je vois encore les larmes couler à flots,
Inondant des visages d'enfants meurtris
Et moi donc, solitaire et larmoyante,
Comme une fillette en détresse

Je vois mes journées monotones
Promettant de me faire mourir sans plus tarder
Sous un bourrellement sans précédent
Sans omettre de m'infliger les pires horreurs

Je vois encore mon passé qui me colle aux basques
Comme une vulgaire sangsue vampirique
Qui aspire chaque jour un peu plus mon âme
Pour la rendre sèche et vide comme une coquille

Je plisse les yeux pour voir mon futur qui face à moi
Mais il est nébuleux et imprécis
Mon présent le tient en otage, impitoyable
Et sans aucun état d'âme

Table des matières

As de trèfle 15
Cosmos 17
Une seconde d'éternité 19
Karaoké du cœur 21
Rêve inachevé 23
Je voudrais 25
Peine perdue 27
Bon…bon 29
Mon beau miroir 31
La frontière des maux 33
La traversée de l'oubli 35
Si souvent 37
Pourquoi contentes-tu de peu ? 39
Culpabilité avouée 41
À mon bien-aimé 43
Clair-obscur 45
Vénusté des imperfections 47
Crève-coeur 49
Polychrome des éclats 51
Rush 53
Chef-d'œuvre 55
L'Eldorado perdu 57
Instants figés 59
Anicroche des méandres 61
Je vois 63

Imprimé en Allemagne
Achevé d'imprimer en avril 2022
Dépôt légal : avril 2022

Pour

Éditions Milot
17, rue du Pressoir
95400 Villiers-Le-Bel